… unterschiedlicher Länder wurden schon Europameister?

a) fünf Länder

b) sieben Länder

c) zehn Länder

2 Ein Team schaffte bei der EURO 2004 die Sensation: Als krasser Außenseiter gestartet, holte es mit einem konsequenten Defensivkonzept den Titel. Von welchem Team ist die Rede?

a) Schweden

b) Portugal

c) Griechenland

Antwort

1 c) Zehn unterschiedliche Länder konnten bei den ersten 15 Austragungen der Europameisterschaft schon den Titel bejubeln: UdSSR, Spanien, Italien, Deutschland, Tschechoslowakei, Frankreich, Niederlande, Dänemark, Griechenland und Portugal.

2 c) Die Griechen hatte im Vorfeld der EURO 2004 kein Experte auf dem Schirm – doch Trainerfuchs Otto Rehhagel schaffte es, ein funktionierendes Kollektiv zu gestalten, das letztendlich Europameister wurde.

1. Mehmet Scholl erzielte bei der EURO 2000 im Gruppenspiel gegen Rumänien den 1:1-Ausgleichstreffer. Weshalb war dies ein bemerkenswertes Tor?
   a) Es war das einzige Tor der DFB-Elf bei dieser Endrunde.
   b) Er erzielte es per Fallrückzieher.
   c) Es war ein Eigentor.

2. Deutschland wurde bei der EURO 1996 in England zum letzten Mal Europameister. Wer war der Mannschaftskapitän?
   a) Matthias Sammer
   b) Jürgen Klinsmann
   c) Markus Babbel

1 a) Es war Deutschlands einziges Tor bei dieser EM-Endrunde. Die beiden anderen Gruppenspiele verlor die DFB-Elf 0:1 gegen England sowie 0:3 gegen Portugal und schied als Gruppenletzter aus dem Turnier aus.

2 b) Der Kapitän war Jürgen Klinsmann. Er fehlte allerdings gesperrt und verletzungsbedingt in zwei Spielen, in denen Jürgen Kohler und Andreas Möller die Binde des Spielführers trugen.

Europameisterschaft

Frage

1 Bei der EURO 2012 gewann Spanien den Titel. Die Iberer beendeten das Turnier gegen Italien mit dem bisher höchsten Sieg in einem Endspiel. Wie ging die Partie aus?

a) 3:0
b) 4:0
c) 6:1

2 Im Finale der EURO 2004 standen sich Gastgeber Portugal und Griechenland gegenüber. Das Spiel war aus mehreren Gründen bemerkenswert. Welche der folgenden Aussagen trifft auf dieses Match nicht zu?

a) Beide Mannschaften erreichten erstmals das Finale einer EM.
b) Die Mannschaften hatten auch schon das Eröffnungsspiel bestritten.
c) Bei beiden Teams fehlten drei Spieler wegen einer Gelbsperre.

1 b) Die »Furia Roja« siegte 4:0 durch Tore von David Silva, Jordi Alba, Fernando Torres und Juan Mata.

2 c) Griechenland hatte den Gastgebern bereits die Eröffnungsparty durch einen 2:1-Sieg vermiest. Beide Mannschaften kamen erstmals ins Finale und bestritten – zum ersten Mal überhaupt bei einem großen Turnier – das erste und letzte Spiel. Gelb gesperrt fehlte nur der Grieche Giorgos Karagounis.

1 Am 6. September 2006 fegte die deutsche Nationalmannschaft ihren Gegner im EM-Qualifikationsspiel mit 13:0 vom Platz – bis heute der höchste Sieg in der Historie der EM. Wie hieß der bemitleidenswerte Gegner?

a) San Marino
b) Luxemburg
c) Malta

2 Welcher Spieler erzielte bislang die meisten Endrundentore bei einer einzelnen Europameisterschaft?

a) Michel Platini
b) Gerd Müller
c) Alan Shearer

1 a) Das hauptsächlich aus Freizeitkickern bestehende Team aus San Marino hatte gegen die deutsche Nationalmannschaft keine Chance. Allein Lukas Podolski erzielte vier der insgesamt 13 Treffer. Mit Bastian Schweinsteiger, Miroslav Klose und Thomas Hitzlsperger trugen sich noch drei weitere Spieler doppelt in die Torschützenliste ein.

2 a) Michel Platini erzielte für die französische »Équipe Tricolore« bei der Europameisterschaft 1984 im eigenen Land neun Treffer und ist damit alleiniger Rekordhalter.

1 Der damals 19-jährige Jack Butland war wohl einer der unerfahrensten Spieler, die je für eine EM-Endrunde nominiert wurden. Er spielte in der vierten Liga seines Landes, als er zum dritten Torwart bestimmt wurde – für welches Land?

a) Irland
b) Schottland
c) England

2 Welches tierische Orakel kam bei der EURO 2008 zum Einsatz, um den Ausgang der Spiele mit deutscher Beteiligung vorherzusagen?

a) Kuh Yvonne
b) Krake Paul
c) Elefant Nelly

1 c) Nur 24 Einsätze hatte Jack Butland für Cheltenham Town absolviert, bevor er von Trainer Roy Hodgson ins Nationalteam Englands berufen wurde.

2 b) Der Krake Paul kam sowohl bei der EURO 2008 als auch bei der WM 2010 zum Einsatz: Einige Tage vor dem Spiel wurden zwei durchsichtige Boxen in das Aquarium gesenkt. Sie enthielten Wasser und Futter. Auf die Boxen waren die Flaggen der spielenden Länder geklebt. Pauls Futterauswahl galt dann als Vorhersage des späteren Siegers. Bei der EURO 2008 lag er in vier von sechs Fällen richtig. Bei der darauffolgenden WM sagte Paul den Sieger für alle sechs von ihm »getippten« Spiele voraus.

1. Welche legendäre Halbzeitanalyse gab der Österreicher Anton Pfeffer, als er bei einem EM-Qualifikationsspiel 1999 mit seinem Team gegen Spanien schon 0:5 zurücklag?
   a) Hoch wer' ma's nimmer gwinna. (Hoch werden wir nicht mehr gewinnen.)
   b) Vielleicht ham' de Spanier an leichten Vorteil g'habt. (Vielleicht hatten die Spanier leichte Vorteile.)
   c) Mir reicht's – i geh hoam. (Ich habe genug – ich gehe nach Hause.)

2. Was machte Raymond Domenech, der Trainer der französischen Nationalmannschaft, bei der EURO 2008 live im Fernsehen, unmittelbar nachdem seine Mannschaft schmachvoll gegen Italien ausgeschieden war?
   a) Er beantragte die italienische Staatsbürgerschaft.
   b) Er schlug dem italienischen Trainer Roberto Donadoni ins Gesicht.
   c) Er machte seiner Freundin einen Heiratsantrag.

1 a) Anton Pfeffers Worte »Hoch wer' ma's nimmer gwinna« sollten sich bewahrheiten: Das Spiel endete mit einem 0:9-Debakel für Österreich.

2 c) Raymond Domenech nutzte unmittelbar nach dem Spiel die Gelegenheit, seiner Freundin, der Sportjournalistin Estelle Denis, live im Fernsehen einen Heiratsantrag zu machen.

1 Ein Spieler sorgte in der K.-o.-Phase der EURO 2016 für Furore und erzielte 5 Treffer – so viele wie noch keiner zuvor. Wie heißt dieser Goal-Getter?

a) Antoine Griezmann
b) Gareth Bale
c) Cristiano Ronaldo

2 Island war ohne Zweifel eine der Überraschungsmannschaften der EURO 2016. Es gelang den Nordländern sogar, eine der großen Fußball-Nationen auszuschalten und ins Viertelfinale vorzustoßen. Wer war dieser Gegner im Achtelfinale?

a) Italien b) Niederlande c) England

3 Wales schaffte es bei der EURO 2016 bis ins Halbfinale und überraschte damit viele Fußballexperten. Wie oft hatten sich die Waliser schon vorher für die Teilnahme an einer EM-Endrunde qualifiziert?

a) noch nie b) einmal c) dreimal

1 a) Antoine Griezmann wurde mit insgesamt 6 Treffern Torschützenkönig des Turniers. Sehr zum Leidwesen der »Équipe Tricolore« war er aber im Finale gegen Portugal nicht erfolgreich.

2 c) Die Isländer bezwangen die Engländer, die bis dahin als Geheimfavorit auf den Turniersieg gehandelt wurden, mit 2:1. Das Siegtor erzielte übrigens ausgerechnet ein Spieler namens Sigthórsson.

3 a) Die 2:0-Niederlage im Halbfinale gegen den späteren Europameister Portugal verhinderte, dass die Männer um Gareth Bale gleich bei der ersten Endrundenteilnahme ins Endspiel kamen.

1 Welche Mannschaft belegte bei der EURO 2016 den dritten Platz?

a) keine
b) Deutschland
c) Wales

2 Wer ist der Spieler mit den meisten Einsätzen bei großen internationalen Turnieren (EM und WM)?

a) Paolo Maldini
b) Bastian Schweinsteiger
c) Iker Casillas

3 Wie viele Male stand Portugal vor dem Titelgewinn bei der EURO 2016 schon im Finale einer Fußball-Europameisterschaft?

a) nie
b) einmal
c) zweimal

1 a) Bereits seit 1984 wird bei Europameisterschaften kein Spiel um Platz drei mehr ausgetragen.

2 b) Das EM-Halbfinale war für Bastian Schweinsteiger der zwanzigste Einsatz bei Europameisterschaften. Außerdem kommt er auf 18 WM-Einsätze. Er verweist damit Miroslav Klose (insgesamt 37 Einsätze) sowie Lothar Matthäus und Paolo Maldini (jeweils 36 Einsätze) auf die Plätze.

3 b) Die Portugiesen schafften den Titelgewinn im zweiten Anlauf. Bereits bei der EURO 2014 standen sie als Gastgeber im Finale gegen Griechenland, verloren aber 1:0.

1. Wie heißt das Maskottchen der EM 2020?
   a) Hattrix
   b) Skillzy
   c) Goalo

2. Wo wird die Endrunde der EM 2024 stattfinden?
   a) Türkei
   b) England
   c) Deutschland

1 b) Das Maskottchen der EM 2020 heißt Skillzy. Es ist ein Junge, der in seinem Aussehen von der Freestyling-, Straßenfußball- und Panna-Kultur inspiriert ist.

2 c) Der deutsche und der türkische Verband hatten sich um die Austragung der Endrunde der EM 2024 beworben. Das UEFA-Exekutivkomitee gab der deutschen Bewerbung den Vorzug.

1 Thomas Müller wurde Torschützenkönig der WM 2010 aufgrund von drei Scorerpunkten. Wie viele Spieler hatten wie er ebenfalls fünf Tore erzielt?

a) einer

b) drei

c) fünf

2 Welcher Spieler hat die meisten Tore innerhalb eines einzigen Turniers erzielt?

a) Gerd Müller

b) Just Fontaine

c) Sándor Kocsis

1 b) Fünfmal getroffen hatten 2010 auch der Spanier David Villa, der Niederländer Wesley Sneijder und Uruguays Diego Forlán. Müller bekam den »Goldenen Schuh« wegen der zusätzlichen meisten Torvorlagen in der Endrunde.

2 b) Der Franzose Just Fontaine erzielte bei der Endrunde 1958 in Schweden 13 Treffer. Der Ungar Kocsis 1954 in der Schweiz und Gerd Müller 1970 in Mexiko mit elf bzw. zehn Toren kamen diesem Rekord am nächsten.

1 Die Mannschaft welchen Landes stand am häufigsten in einem WM-Endspiel?
   a) BRD/Deutschland
   b) Brasilien
   c) Niederlande

2 Welches Team erzielte die meisten Tore bei einer einzelnen WM-Endrunde?
   a) Brasilien
   b) BRD/Deutschland
   c) Ungarn

3 Deutschland hält den Rekord, am häufigsten den dritten Platz einer Endrunde erreicht zu haben (im Bild die WM 2010). Wie oft geschah dies?
   a) viermal
   b) dreimal
   c) fünfmal

1 a) Deutschland spielte insgesamt achtmal (1954, 1966, 1974, 1982, 1986, 1990, 2002, 2014) im letzten Spiel eines Turniers um den Titel – Brasilien siebenmal (1950, 1958, 1962, 1970, 1994, 1998, 2002). Die Niederlande kamen dreimal ins Endspiel (1974, 1978, 2010).

2 c) In dem Turnier von 1954 (im Bild eine Torszene) traf Vizeweltmeister Ungarn 27-mal, dicht gefolgt vom Titelträger Deutschland (25). Auf Platz 3 liegt Frankreich mit 23 Toren im Jahr 1958.

3 c) Die Deutschen standen insgesamt fünfmal im »Kleinen Finale«, verloren dieses jedoch nur 1958 gegen Frankreich. 1934, 1970, 2006 und zuletzt 2010 beendeten sie die Turniere als Dritter.

1. Welche asiatische Mannschaft gewann als erste überhaupt ein WM-Endrundenspiel?
a) Südkorea b) Nordkorea c) China

2. 2010 traten in Südafrika zum ersten Mal zwei ozeanische Teams bei einer Endrunde an (im Bild die Auslosung). Wodurch wurde das möglich?
a) Dem Verband war ein zweiter Startplatz zugesichert worden.
b) Australien hatte sich in der asiatischen Zone qualifiziert.
c) Neuseeland rückte wegen des Ausschlusses von China nach.

3. Bei der WM 1982 schied eine afrikanische Mannschaft aus dem Turnier aus, ohne ein Spiel verloren zu haben. Das widerfuhr?
a) Algerien b) Ghana c) Kamerun

❶ b) Mit dem sensationellen 1:0 vom 19. Juli 1966 schickte Nordkorea die hoch favorisierten Italiener nach Hause und qualifizierte sich fürs Viertelfinale (im Bild). Hier schied man nach einer unglaublichen 3:0-Führung am Ende mit 3:5 gegen Portugal aus.

❷ b) Australien trat tatsächlich Ende 2005 aus dem ozeanischen Fußballverband aus und schloss sich dem asiatischen an, um die Chancen für eine Qualifikation zu erhöhen.

❸ c) Zwei Mannschaften in der Gruppe 1 spielten 1982 dreimal unentschieden – Kamerun hatte am Ende ein Torverhältnis von 1:1, Italien von 2:2 (im Bild das Spiel der beiden Teams), kam damit weiter und holte den Titel.

1. Pelé gilt vielen als der beste Fußballer aller Zeiten. Welche der folgenden WM-Auszeichnungen erhielt er aber nicht?
   a) bester junger Spieler eines Turniers
   b) Torschützenkönig einer Endrunde
   c) jüngster Torschütze in der WM-Geschichte

2. Wie heißt der Spieler mit den meisten Einsätzen bei WM-Endrunden?
   a) Lothar Matthäus, BRD/Deutschland
   b) Paolo Maldini, Italien
   c) Uwe Seeler, BRD

3. Etliche Spieler des Rekordweltmeisters Brasilien waren an zwei Titelgewinnen beteiligt. Welchem gelang das zuletzt?
   a) Roberto Carlos b) Ronaldo c) Cafu

1 b) Pelé erzielte sein erstes Tor 1958 in Schweden im Alter von 17 Jahren und 8 Monaten, das ist Rekord bis heute. Nachträglich wurde er zum besten jungen Spieler dieses Turniers gewählt, Torschützenkönig war er nie.

2 a) Lothar Matthäus kam bei fünf Endrunden (1982, 1986, 1990, im Bild, 1994, 1998) zu 25 Einsätzen und lief damit zweimal öfter auf als der Italiener Paolo Maldini (1990–2002).

3 c) Der Verteidiger Cafu stand in den Siegermannschaften 1994 in den USA sowie 2002 in Japan und Südkorea (im Bild); bei dem zuletzt genannten Turnier holten Roberto Carlos und Ronaldo ihre jeweils einzigen WM-Titel.

❶ Seit wann gibt es bei WM-Turnieren die sogenannte Gelb-Rote-Karte für ein zweites Vergehen, das alleine nicht zu einem Platzverweis geführt hätte?

a) 1970 b) 1994 c) 1998

❷ Welcher deutsche Schiedsrichter zückte zum ersten Mal bei einer WM-Endrunde die Gelbe Karte?

a) Rudolf Kreitlein

b) Walter Eschweiler

c) Kurt Tschenscher

❸ Gemeinsam mit Zinédine Zidane hält welcher Brasilianer den Rekord, bei WM-Turnieren sechs Karten kassiert zu haben?

a) Cafu

b) Dunga

c) Roberto Carlos (im Bild)

1 b) Eingeführt wurde die Regel 1991 und wurde so erstmals 1994 in den USA bei einem WM-Turnier eingesetzt. Gelb-Rot zieht automatisch eine Sperre des Betroffenen für das nächste Match im Wettbewerb nach sich.

2 c) Karten wurden erstmals bei der Endrunde 1970 eingesetzt, um Verwarnungen und Platzverweise anzuzeigen. Im Eröffnungsspiel des Turniers zwischen Gastgeber Mexiko und der UdSSR machte Tschenscher als Erster von dieser Regel Gebrauch.

3 a) Cafu, der als einziger Spieler in drei Endspielen stand (1994, 1998 und 2002), kassierte bei diesen Turnieren sechs Gelbe Karten. Anders als Zinédine Zidane, der zweimal vorzeitig vom Platz musste, blieb es für Cafu bei Gelb.

1. Bei wie vielen WM-Endrunden gab es überhaupt keinen Platzverweis?
   a) bei einer Endrunde
   b) bei zwei Endrunden
   c) bei vier Endrunden

2. Zwei Stars wurden in zwei Turnieren jeweils einmal vom Platz gestellt. Diese Sünder waren:
   a) Rigobert Song und Zinédine Zidane
   b) Cafu und Kaká
   c) Nigel de Jong und Giovanni van Bronckhorst (links und rechts im Bild)

3. Welche beiden Teams standen sich im bislang kartenreichsten Match der WM-Geschichte gegenüber?
   a) Deutschland und Kamerun 2002
   b) Portugal und Niederlande 2006
   c) Spanien und Niederlande 2010

1 b) Sowohl 1950 als auch 1970 wurde kein einziger Spieler vorzeitig zum Duschen geschickt.

2 a) Die Rote Karte nach dem legendären Kopfstoß gegen Marco Materazzi war nach einem Platzverweis 1998 schon die zweite für Zinédine Zidane. Der Kameruner Rigobert Song sah 1994 und 1998 jeweils Rot.

3 b) Beim Achtelfinalspiel zwischen Portugal und den Niederlanden mussten je zwei Spieler beider Teams mit Gelb-Rot vorzeitig vom Platz. Zusätzlich gab es noch acht Gelbe Karten. Damit wurde der Rekord aus dem Jahr 2002 von Kamerun und Deutschland eingestellt und übertroffen: Insgesamt gab es auch 16-mal Gelb, dabei aber nur zweimal Gelb-Rot.

1 Ein Stürmer Uruguays verhinderte 2010 mit einem Handspiel in der letzten Minute ein sicheres Tor Ghanas, das danach im Elfmeterschießen verlor.
Wer beging diese Unsportlichkeit?
a) Diego Forlán
b) Diego Lugano
c) Luis Suárez

2 Welchem Land gelang das Kunststück, Weltmeister zu werden, ohne ein einziges seiner Gruppenspiele gewonnen zu haben?
a) Spanien 2010 b) Italien 1982 c) Uruguay 1950

3 Im Juli 1969 brach nach einem WM-Qualifikationsspiel ein Krieg zwischen den beteiligten Ländern aus. Welche waren das?
a) Honduras und El Salvador
b) Guatemala und Costa Rica
c) Mexiko und Belize

1 c) Luis Suárez wurde für diese Aktion zwar vom Platz gestellt, dennoch aber nach dem Elfmeterschießen von seinen Mitspielern wie ein Held gefeiert.

2 b) Sowohl Italien als auch Kamerun (beide im Bild) spielten in ihrer Gruppe 1982 dreimal remis. Allein wegen der mehr erzielten Treffer (2:2) kamen die Italiener als Zweiter hinter Polen in die nächste Runde, während die Afrikaner (1:1) ausschieden.

3 a) El Salvador hatte am 26. Juni 1969 Honduras im Entscheidungsspiel aus dem Turnier geworfen und konnte sich später sogar für die Endrunde 1970 qualifizieren. Vom 14. bis 18. Juli desselben Jahres befanden sich beide Länder im Krieg, das Fußballspiel war der Auslöser des offenen Konflikts.

1 Welchem dieser deutschen WM-Stars gelang es nicht, mindestens einmal auch die Champions League bzw. den Europapokal der Landesmeister zu gewinnen?

a) Franz Beckenbauer (im Bild 1990 mit Matthäus)
b) Lothar Matthäus
c) Rudi Völler

2 Der Brasilianer Zico wurde zu seiner Zeit »der weiße Pelé« genannt. Wie oft wurde er mit Brasilien Weltmeister?

a) zweimal b) einmal c) gar nicht

3 Der »Goldene Schuh« für den besten Torjäger wird seit 1978, der »Goldene Ball« für den besten Spieler eines Turniers seit 1982 vergeben. Wie oft gelang es einem Spieler, beide Trophäen zu gewinnen und gleichzeitig Weltmeister zu werden?

a) nie b) zweimal c) einmal

1 b) Beckenbauer holte von 1974 bis 1976 dreimal den Landesmeisterpokal, Völler 1993 einmal mit Olympique Marseille. Lothar Matthäus erreichte 1987 und 1999 mit den Bayern das Finale, beide Spiele gingen jedoch verloren.

2 c) Zico trat bei den Turnieren von 1978, 1982 und 1986 für Brasilien an, doch es reichte nur zu einem dritten Platz 1978. Wie auch seine Mitspieler Sócrates und Falcão zählt er zu den weltbesten Spielern, die nie Weltmeister wurden.

3 c) Paolo Rossi ist neben seinem Landsmann Salvatore Schillaci der Einzige, der bei einer Endrunde beide Auszeichnungen einheimste. Rossi wurde 1982 mit Italien auch Weltmeister, während das Land 1990 im Halbfinale gegen Argentinien ausschied.

1 Wer war bei der WM 2014 in Brasilien erfolgreichster Torschütze?
a) Lionel Messi
b) James Rodríguez
c) Thomas Müller

2 Welcher Spieler hat die meisten Tore bei WM-Endrunden erzielt?
a) Pelé b) Ronaldo c) Miroslav Klose

3 Im Halbfinale der WM 2014 bescherte die deutsche Nationalmannschaft den Brasilianern einen albtraumhaften Abend und feierte einen Kantersieg. Wie war der Endstand dieses denkwürdigen Spiels?
a) 0:5
b) 2:6
c) 1:7

1 b) Der Kolumbianer James Rodríguez erzielte 6 Tore und wurde als erfolgreichster Torschütze mit dem »Goldenen Schuh« ausgezeichnet. Thomas Müller landete mit 5 Treffern auf dem zweiten Platz. Lionel Messi schoss, ebenso wie Neymar und Robin van Persie, 4 Tore.

2 c) Bei der WM 2014, und damit bei seiner vierten Teilnahme an einer WM-Endrunde, erzielte Miroslav Klose seinen 16. Turniertreffer. Er überholte damit Ronaldo (15 Treffer) und ist somit alleiniger Rekordhalter.

3 c) Mit 1:7 wurde die Seleção von der deutschen Nationalmannschaft vom Platz gefegt. Es war die bisher höchste Niederlage in einem WM-Halbfinale und auch die höchste Niederlage, die ein WM-Gastgeber je einstecken musste.

1. Seit 1991 wird jährlich der »Weltfußballer des Jahres« gekürt. Welcher Titelträger nahm nie an einer WM-Endrunde teil?
   a) Roberto Baggio, Juventus Turin, 1993
   b) George Weah, Paris Saint-Germain/ AC Mailand, 1995
   c) Luís Figo, Real Madrid, 2001

2. Seit 1982 wurden neun Fußballer mit dem »Goldenen Ball« als beste Spieler des Turniers geehrt. Wie viele von ihnen holten im Jahr ihres persönlichen Triumphes auch den WM-Titel?
   a) drei
   b) vier
   c) fünf

3. Gegen welchen Gegner erzielte Diego Maradona 1986 sein legendäres Tor, das später als schönstes der WM-Geschichte ausgezeichnet wurde?
   a) Deutschland b) Belgien c) England

1 b) George Weah stammt aus Liberia und ist einer der besten afrikanischen Fußballer aller Zeiten. Sein Land jedoch konnte sich noch nie für eine FIFA WM-Endrunde qualifizieren.

2 a) Paolo Rossi 1982, Diego Maradona 1986 und Romário 1994 wurden mit Italien, Argentinien und Brasilien im selben Jahr auch Weltmeister. Brasiliens Ronaldo holte 1998 den »Goldenen Ball« und den Titel vier Jahre später, Zinédine Zidane wurde 1998 Weltmeister und 2006 bester Spieler des Turniers.

3 c) Am 22. Juni 1986 traf Maradona im Viertelfinalspiel gegen England zunächst mit der legendären »Hand Gottes«, ehe er drei Minuten später bei einem Sololauf mehrere Gegner umdribbelte und zum 2:0 abschloss. England konnte zehn Minuten vor Spielende nur mehr verkürzen.

1 Der amtierende Weltmeister Deutschland schied bei der WM 2018 als Gruppenletzter bereits in der Vorrunde aus. Wie oft kam es bis dahin schon vor, dass die deutsche Nationalmannschaft nicht mindestens das Achtelfinale erreichte?

a) noch nie
b) einmal
c) zweimal

2 Womit ging Mario Mandžukić im Finale der WM 2018 in die Fußball-Geschichte ein?

a) schnellste Rote Karte in einem WM-Finale
b) erstes Eigentor der WM-Finalhistorie
c) erster Spieler, der in einem Finale zwei Elfmeter vergab

1 a) Das Vorrunden-Aus 2018 war das schlechteste Abschneiden einer deutschen Nationalmannschaft bei einer WM. Zuvor hatte Deutschland bei 16 Endrunden-Teilnahmen mindestens das Achtelfinale erreicht – achtmal sogar das Endspiel.

2 b) Mario Mandžukić verlängerte einen Freistoß von Antoine Griezmann unhaltbar ins eigene Tor und schoss damit das erste Eigentor der WM-Finalhistorie.

Weltmeisterschaft

1 Wer war der Torschützenkönig der WM 2018?
a) Kylian Mbappé
b) Antoine Griezmann
c) Harry Kane

2 Die WM 2022 in Katar weist einige Besonderheiten auf. Welche der folgenden Aussagen stimmt nicht?
a) Die Endrunde wird erstmals im Winter ausgetragen.
b) Die Dauer der Endrunde ist die längste seit über 30 Jahren.
c) Der Gastgeber hat noch nie zuvor an einer WM-Endrunde teilgenommen.

3 Welche drei Länder werden sich die Gastgeberrolle bei der WM 2026 teilen?
a) Uruguay, Argentinien und Chile
b) Kanada, Mexiko und die USA
c) Algerien, Tunesien und Marokko

1 c) Harry Kane holte mit sechs Treffern als erfolgreichster Torschütze den »Goldenen Schuh«. Antoine Griezmann (der Gewinner des »Silbernen Schuhs«) und Kylian Mbappé erzielten jeweils »nur« vier Tore.

2 b) Das Turnier wird im November und Dezember 2022 und damit im Winter ausgetragen. Katar wird als Gastgeber erstmals an einer WM-Endrunde teilnehmen. Die Endrunde wird aber mit einer Dauer von 28 Tagen die kürzeste seit der WM 1978 sein.

3 b) Kanada, Mexiko und die USA setzten sich bei der Wahl des Austragungsortes gegen den einzigen weiteren Bewerber Marokko durch. Da sich nach den FIFA-Regularien die Konföderationen der FIFA als Ausrichter abwechseln sollen und weil die letzten WM-Endrunden in Asien (Katar 2022) und Europa (Russland 2018) ausgetragen wurden, waren Bewerbungen von dort nicht zugelassen.

1 Welcher Bundesligamanager warb in TV-Spots für einen Getränkehersteller, der zugleich Sponsor seines Vereins war?

a) Uli Hoeneß
b) Rudi Assauer
c) Günter Netzer

2 In welchem Jahr wurde die Trikotwerbung in der Bundesliga eingeführt?

a) 1973
b) 1978
c) 1985

3 Schon in der Frühzeit der Bundesliga traten Fußballer in TV-Spots auf. Für welche Produkte warb der junge Beckenbauer?

a) Fertigsuppen
b) Herrenunterwäsche
c) Trockenrasierer

1 b) Gemeinsam mit seiner damaligen Lebensgefährtin, der Schauspielerin Simone Thomalla, war Rudi Assauer in zahlreichen Werbespots der Brauerei »Veltins« zu sehen, die zugleich Namenssponsor des Schalker Stadions ist.

2 a) Eintracht Braunschweig trat 1973 mit dem »Jägermeister«-Hirsch auf den Trikots an. Nachdem der DFB seine Widerstände gegen die Trikotwerbung aufgab, durfte der Verein auch den Schriftzug des Kräuterlikörs zeigen.

3 a) Franz Beckenbauer war in Werbespots der Firma Knorr zu sehen, mit dem Slogan: »Kraft auf den Teller – Knorr auf den Tisch«.

1 c) 1966 bezwang Borussia Dortmund im Finale des Pokalsiegerwettbewerbs in Glasgow den FC Liverpool mit 2:1 n. V. und holte erstmals einen Europapokal nach Deutschland (im Bild der Jubel von Trainer und Spielern).

2 c) 1980 machten mit Eintracht Frankfurt, Borussia Mönchengladbach, Bayern München und dem VfB Stuttgart zum einzigen Mal in der Geschichte des Wettbewerbs vier Mannschaften aus einer Liga die Finalisten unter sich aus. Den Pokal holte schließlich die Eintracht.

3 c) Andreas Brehme erhielt diese Auszeichnung als zweiter deutscher Spieler im Jahr 1989.

1. Welchem Bundesligisten gelang es als erstem, einen der großen europäischen Pokale zu gewinnen?
   a) Bayern München
   b) 1860 München
   c) Borussia Dortmund

2. Wie viele deutsche Mannschaften standen 1979/80 im Halbfinale des UEFA Cups?
   a) keine
   b) zwei
   c) vier

3. Welcher deutsche Spieler wurde als erster seit Helmut Haller 1964 zu Italiens Fußballer des Jahres gewählt?
   a) Lothar Matthäus
   b) Karl-Heinz Rummenigge
   c) Andreas Brehme (mit Matthäus im Bild)

1 Was wurde zur Saison 2015/16 in der Bundesliga eingeführt, um in strittigen Situationen richtige Entscheidungen durch den Schiedsrichter zu ermöglichen?

a) zusätzliche Schiedsrichter

b) Torlinientechnik

c) Videobeweis

2 Wie viele Spielzeiten benötigte RB Leipzig nach der Vereinsgründung, um in die 1. Bundesliga aufzusteigen?

a) 7 Saisons

b) 10 Saisons

c) 12 Saisons

1 b) Alle Bundesligisten installierten 14 neue Kameras, um die Torlinientechnik »Hawk-Eye« zu nutzen. Sobald der Ball die Torlinie mit vollem Umfang überquert hat, wird der Schiedsrichter durch ein Signal auf seinen Kopfhörer informiert. Zusätzlich vibriert auch seine Armbanduhr und zeigt das Wort »Goal« auf dem Display.

2 a) Der Verein wurde im Jahr 2009 gegründet und übernahm zur Saison 2009/10 das Startrecht des SSV Markranstädt in der fünftklassigen Oberliga Nordost. Nach der Saison 2015/16, also 7 Spielzeiten später, stand der Aufstieg in die 1. Bundesliga fest.

1 c) 1971/72 wurden die Bayern mit 101:38 Toren zum zweiten Mal Bundesligameister. In der Saison 2012/13 scheiterten sie mit 98:18 Toren nur knapp an der Wiedererreichung dieser Marke.

2 b) Fredi Bobic vom VfB Stuttgart gewann 1995/96 mit 17 Toren die Kanone. Schon 1988/89 hatten sich Thomas Allofs vom 1. FC Köln und der Bayern-Stürmer Wohlfarth mit derselben Zahl die Trophäe teilen müssen.

3 a) In fünf Spielen fielen zwölf Tore, viermal war der BVB beteiligt: 1977/78 beim 0:12 in Mönchengladbach, 1971/72 beim 1:11 gegen die Bayern in München sowie bei den Heimsiegen mit 11:1 gegen Arminia Bielefeld (1982/83) und dem 9:3 gegen den 1. FC Kaiserslautern (1963/64). 1976/77 gewann der 1. FC Köln zu Hause mit 8:4 gegen Tennis Borussia.

1 Nur einmal konnte ein Bundesligist innerhalb einer Saison mehr als 100 Tore erzielen. Welchem Team gelang dies?
- a) Hamburger SV
- b) Borussia Mönchengladbach
- c) Bayern München

2 Welchen Spielern gelang es, mit nur 17 Treffern die Torjägerkanone zu erringen?
- a) Lothar Kobluhn, Martin Max und Klaus Allofs
- b) Fredi Bobic, Thomas Allofs und Roland Wohlfarth
- c) Martin Max, Anthony Yeboah und Giovane Elber

3 Eine Mannschaft war gleich mehrmals an den fünf torreichsten Matches der Ligageschichte beteiligt – und zwar?

- a) Borussia Dortmund
- b) Borussia Mönchengladbach
- c) Bayern München

1. Wie hieß das Stadion, in dem Borussia Dortmund bis zur Weltmeisterschaft 1974 seine Partien bestritt?
   a) Glückauf-Kampfbahn
   b) Ruhrstadion
   c) Stadion Rote Erde

2. Der FC Homburg lief 1987/88 mehrere Spiele mit einem schwarzen Balken auf den Trikots auf. Aus welchem Grund?
   a) Sie wollten gegen die Kommerzialisierung des Fußballs protestieren.
   b) Der Trikotsponsor war in Konkurs gegangen.
   c) Der DFB wollte den Vereinssponsor nicht akzeptieren.

1 c) Die Borussia spielte bis zur Eröffnung des Westfalenstadions 1974 im Stadion Rote Erde. Die Glückauf-Kampfbahn war über Jahrzehnte hin die Heimstätte des FC Schalke 04.

2 c) Die Homburger hatten den Kondom-Fabrikanten »London« als Sponsor gewonnen und mussten erst vor Gericht klären lassen, dass Kondomwerbung nicht sittenwidrig sei. Daraufhin gab der DFB seinen Widerstand auf.

1 Ein Spieler hat mehr als 600 Spiele in der Bundesliga absolviert, alle für denselben Verein. Wie heißt der Dauerbrenner?

a) Klaus Fichtel
b) Manfred Kaltz
c) Karl-Heinz Körbel

2 Wie lautet der Name des erfolgreichsten Torschützen der Ligageschichte, der kein Stürmer war?

a) Michael Zorc
b) Bernd Nickel
c) Paul Breitner

3 Außer den Bayern blieb noch ein Verein ein ganzes Kalenderjahr lang ohne Niederlage. Welche Mannschaft war das?

a) der Hamburger SV
b) Bayer 04 Leverkusen
c) Borussia Mönchengladbach

1 c) Karl-Heinz Körbel bestritt von 1972 bis 1991 602 Partien für Eintracht Frankfurt. Manfred Kaltz liegt mit 581 Einsätzen für den Hamburger SV (1971–91) auf dem zweiten Rang in dieser Statistik.

2 b) Mit 141 Treffern in 426 Spielen liegt der Mittelfeldspieler Bernd Nickel von Eintracht Frankfurt auf Platz 18 der ewigen Torschützenliste. Ihm am nächsten kommt der Dortmunder Sportdirektor Michael Zorc, der 131-mal für die Borussia traf.

3 a) Der Hamburger SV unterlag am 16. Januar 1982, dem ersten Rückrundenspieltag 1981/82, mit 1:2 bei Eintracht Braunschweig und blieb danach 36 Spiele in Folge ungeschlagen. Werder Bremen beendete diese Serie am 29. Januar 1983 mit einem 3:2-Heimsieg gegen den Nordrivalen.

1 c) Der schwedische Abwehrspieler Patrik Andersson drosch einen indirekten Freistoß irgendwie durchs Abwehrgewimmel zum 1:1 beim Hamburger SV ins Netz und riss die Schalker damit aus allen Träumen.

Zu diesem Freistoß war es gekommen, weil HSV-Torwart Mathias Schober einen Rückpass ohne Not mit der Hand aufgenommen hatte.

2 c) Der HSV holte die Schale 1981/82 und 1982/83, der BVB in den Saisons 1994/95 und 1995/96 sowie 2010/11 und 2011/12.

3 c) Der 1. FC Nürnberg wurde 1967/68 unter dem Wiener Trainer Max Merkel Meister und stieg im Jahr darauf ab; Merkel war bereits davor entlassen worden.

1. 2001 wurde Schalke 04 als »Meister der Herzen« gefeiert, weil die Mannschaft durch ein spätes Bayern-Tor noch um den Titel gebracht wurde. Wie hieß der Schütze dieses Tores?
   a) Giovane Elber
   b) Sammy Kuffour
   c) Patrik Andersson

2. Zwei Teams außer Bayern und Borussia Mönchengladbach gelang es, einen Titel im Folgejahr zu verteidigen. Welche waren das?
   a) 1. FC Köln und 1. FC Kaiserslautern
   b) Werder Bremen und VfB Stuttgart
   c) Hamburger SV und Borussia Dortmund

3. Welcher Deutsche Meister musste bislang als einziger im Jahr nach dem Titelgewinn absteigen?
   a) Borussia Dortmund
   b) VfB Stuttgart
   c) 1. FC Nürnberg

1 Ein einziges Mal konnte ein Bundesligaaufsteiger sofort den Titel erringen. Welchem Verein gelang dieses Kunststück?
a) Bayern München
b) Werder Bremen
c) 1. FC Kaiserslautern

2 Der geringste Vorsprung, mit dem eine Mannschaft jemals den Titel gewann, betrug
a) ein Tor?
b) drei Tore?
c) sieben Tore?

3 Durch welche Teams wurden die ersten Absteiger Preußen Münster und der 1. FC Saarbrücken 1964 ersetzt?
a) Bayern München und Borussia Mönchengladbach
b) Hannover 96 und Borussia Neunkirchen
c) Rot-Weiss Essen und Alemannia Aachen

1 c) In der Saison 1997/98 wurde der gerade in die Bundesliga zurückgekehrte 1. FC Kaiserslautern unter Otto Rehhagel sensationell Meister vor den Bayern.

2 b) Durch das spektakuläre 12:0 gegen Borussia Dortmund verkürzte Borussia Mönchengladbach 1977/78 den Rückstand auf den 1. FC Köln, der 5:0 beim FC St. Pauli gewann, am letzten Spieltag auf drei Tore. Knapper war der Abstand zwischen dem Ersten und Zweiten nie wieder.

3 b) Die ersten Bundesligaaufsteiger waren Hannover 96 und der saarländische Verein Borussia Neunkirchen. Bayern und Gladbach schafften erst im Jahr darauf den Sprung ins Oberhaus.

1 Welcher Spieler erzielte das erste Tor in der Geschichte der Bundesliga?
a) Uwe Seeler (Hamburger SV)
b) Friedhelm Konietzka (Borussia Dortmund)
c) Christian Müller (1. FC Köln)

2 Der erste ausländische Torschützenkönig spielte für Eintracht Frankfurt und hieß?
a) Jørn Andersen
b) Anthony Yeboah
c) Willy Huberts

1 b) Der Dortmunder Friedhelm »Timo« Konietzka traf beim Auswärtsspiel seiner Mannschaft bei Werder Bremen am 24. August 1963 gleich in der ersten Minute zum 0:1 – so schnell, dass es von diesem Treffer weder Fotos noch TV-Bilder gibt. Werder gewann das Spiel dennoch mit 3:2.

2 a) Der Norweger Jørn Andersen wurde in der Saison 1989/90 mit nur 18 Treffern als erster Ausländer Torschützenkönig der Bundesliga. Anthony Yeboah errang diesen Titel, ebenfalls mit Eintracht Frankfurt, in den Spielzeiten 1992/93 und 1993/94.

Bildnachweis:
Umschlag:
Getty Images: incomible, Baks
Innenteil:
stock.adobe.com: S. 1: creativedoxfoto, S. 1, 7, 10, 15, 20, 32, 37, 39, 41, 49, 58, 62, 67, 70, 76: Buttolia, S. 21, 29, 33, 40: Zabiamedve, S. 86: Buzzi
Alle weiteren Fotos von imago images: S. 2: o.: Kicker / Metelmann, u.: Alfred Harder, S. 3: Sven Simon, S. 4: Claus Bergmann, S. 5: Sven Simon, S. 6: o.: Sven Simon, u.: WEREK, S. 8: Kicker / Eissner, S. 9: Rust, S. 10: Matthias Koch, S. 11: o.: Kicker / Liedel, u.: Kicker / Metelmann, S. 12: Sven Simon, S. 13: Kicker /Liedel, S. 14: Kicker / Metelmann, S. 15: WORBSER, S. 16: ActionPictures, S. 17: Sven Simon, S. 18: Kicker / Liedel, S. 19: Laci Perenyi, S. 20: Bernd König, S. 22: o.: Bernd Müller, u.: Nordphoto, S. 23: Jan Huebner, S. 24: Jan Huebner, S. 25: GEPA pictures, S. 26: Ulmer, S. 27: Stockhoff, S. 28: Gribaudi / Image Photo, S. 29: Team2, S. 30 : cp24, S. 31: o.: Baering, u.: PanoramiC, S. 34: o.: Alexsandar Djorovic, u.: Kolvenbach, S. 35: VI Images, S. 36: Colorsport, S. 38: o:. Revierfoto, u.: Laci Perenyi, S. 39: osnapix, S. 43: Westend61, S. 44: Xinhua, S. 45: Revierfoto, S. 46: GlobalImagens, S. 47: Colorsport, S. 48: DeFodi, S. 49: MIS, S. 50: ZUMA Press/ Keystone, S. 51: WEREK, S. 52: United Archives International, S. 53: Newspix, S. 54: o.: Sven Simon, u.: WEREK, S. 55: WEREK, S. 56: Laci Perenyi, S. 57: Ulmer, S. 58: Ulmer, S. 59: WEREK, S. 60: Pressefoto Baumann, S. 61: o.: Insidefoto, u.: Ulmer, S. 63: ActionPictures, S. 64: Sven Simon, S. 65: Sportimage, S. 66: Revierfoto, S. 68: MIS, S. 69: Bildbyran, S. 71: o.: Horstmüller, u.: VI Images, S. 73: Nordphoto, S. 74: Sven Simon, S. 75: Chai v.d. Laage, S. 76: PanoramiC, S. 77: Xinhua, S.78: Kicker, S. 79: Gallo Images, S. 80: o. und u.: Buzzi, S.81: ZUMA Press/Keystone, S. 82: o.: WEREK, u.: Ulmer, S. 83: Camera 4, S. 84: WEREK, S. 85: MIS, S. 87: BPI, S. 88: WEREK, S. 89 WEREK, S. 90: Buzzi, S. 91: Laci Perenyi, S. 92: Sven Simon, S. 94: PanoramiC, S. 95: Sven Simon, S. 96: Golovanov + Kivrin, S. 97: Imagebroker, S. 98: ZUMA Press

Text und Bildrecherche:
Theo Grünewald, Kurt-J. Heering

ISBN 978-3-8458-3493-1
www.arsedition.de

MIX
Papier aus verantwortungsvollen Quellen
FSC® C020056
www.fsc.org

1 Im Auftaktspiel der Saison 2014/15 erzielte Karim Bellarabi (Bayer Leverkusen) gegen Borussia Dortmund den bis dahin schnellsten Treffer der Bundesligageschichte. Fast genau ein Jahr später stellte Kevin Volland (1899 Hoffenheim) diesen Rekord im Spiel gegen Bayern München ein. Wie lange brauchten die beiden Blitzstarter für ihre Tore?

a) 9 Sekunden
b) 16 Sekunden
c) 27 Sekunden

2 Viele Bundesligisten setzen stark auf den eigenen Nachwuchs. Welcher dieser Vereine hatte in der Saison 2018/19 die meisten »Eigengewächse« im Kader?

a) Eintracht Frankfurt
b) 1. FSV Mainz 05
c) Hertha BSC

Antwort

1 a) Vom Anpfiff des Spiels bis zum Tor vergingen in beiden Fällen gerade einmal 9 Sekunden.

2 a) Eintracht Frankfurt hatte elf »Eigengewächse« im Kader, Herta BSC zehn. Beim 1. FSV Mainz 05 waren es neun Spieler aus der eigenen Jugendabteilung.

Bundesliga

Frage

1. Welches dieser Teams verdient die Bezeichnung »Fahrstuhlmannschaft« am meisten, ist also schon am häufigsten aus der 1. Bundesliga abgestiegen?
   a) VfL Bochum
   b) 1. FC Nürnberg
   c) Hannover 96

2. Welcher ausländische Spieler hat die meisten Spiele in der Bundesliga bestritten?
   a) Claudio Pizarro
   b) Zé Roberto
   c) Sergej Barbarez

1 b) Während der VfL Bochum und Hannover 96 jeweils sechsmal aus der 1. Bundesliga abgestiegen sind, ereilte dieses Schicksal den 1. FC Nürnberg 2019 schon zum neunten Mal.

2 a) Mit knapp 500 Bundesligaeinsätzen für den SV Werder Bremen, den FC Bayern und den 1. FC Köln führt Claudio Pizarro diese Wertung mit großem Abstand an. Zé Roberto (336 Einsätze) und Sergej Barbarez (330 Einsätze), die beide selbst absolute Dauerbrenner in der Bundesliga waren, fallen dahinter weit zurück.

1 In der Saison 2017/18 wurde in der Bundesliga der Videobeweis eingeführt. Gleich in dieser ersten Spielzeit kam es in einem Spiel zwischen dem 1. FSV Mainz 05 und dem SC Freiburg wegen der neuen Technik zu einer höchst kuriosen Situation. Zu welcher?

a) Rote Karte schon vor dem Spiel
b) Elfmeter in der Halbzeitpause
c) neue Trikots für die Gastmannschaft

2 Der HSV galt bis zu seinem Abstieg im Jahr 2018 als Bundesligadino, da er seit der Gründung der obersten deutschen Spielklasse immer dort gespielt hat. Wie viele Gründungsmitglieder der Bundesliga gibt es heute noch, die niemals abgestiegen sind?

a) keins
b) eins
c) zwei

Antwort

1 b) Nach einem zunächst nicht geahndeten Handspiel hatte der Schiedsrichter die erste Halbzeit schon abgepfiffen. Nach einem Hinweis der Videoschiedsrichterin sah er sich die Szene noch einmal an und entschied auf Elfmeter. Die Freiburger mussten aus der Kabine zurückkommen und zusehen, wie der Mainzer Pablo De Blasis zum 1:0 verwandelte.

2 a) Der HSV war das letzte Gründungsmitglied, das bis 2018 immer erstklassig gespielt hatte und seinen Nimbus als »nicht absteigbare« Mannschaft auch pflegte. Dazu wurde im Volksparkstadion extra eine Uhr angebracht, welche die in der Bundesliga verbrachte Zeit zählte. Das vorletzte ununterbrochen im Oberhaus vertretene Gründungsmitglied war der 1. FC Köln, der aber bereits 1998, und damit 20 Jahre früher, zum ersten Mal abstieg.

1 Wie häufig konnten Mannschaften das sogenannte Triple, bestehend aus dem nationalen Ligatitel, dem nationalen Pokal und dem Sieg in der Champions League, erzielen?

a) zweimal

b) fünfmal

c) achtmal

2 Welches Team blieb in der Champions League (spielübergreifend) am längsten ohne Gegentor?

a) FC Arsenal

b) FC Chelsea

c) FC Liverpool

1 b) Bereits fünfmal schaffte es ein Verein, die drei wichtigsten Titel einer Saison zu holen (Manchester United 1999, FC Barcelona 2009 und 2015, Inter Mailand 2010 und Bayern München 2013). Im Europapokal der Landesmeister war dies übrigens zuvor schon drei Mannschaften geglückt: Celtic Glasgow, Ajax Amsterdam und PSV Eindhoven.

2 a) In der Saison 2005/06 schafften es die Torhüter Jens Lehmann und Manuel Almunia, das Tor der »Gunners« zehn Spiele in Folge und insgesamt 995 Minuten sauber zu halten.

Sie brachten ihr Team damit ins Finale, wo Samuel Eto'o in der 76. Minute und Juliano Belletti in der 81. Minute die ersten Tore seit Langem gegen Arsenal erzielten, die gleichzeitig für den FC Barcelona den Sieg bedeuteten.

1 Welcher deutsche Spieler gewann bereits in der Saison 1992/93 und damit im Jahr der Einführung der Champions League den Titel?

a) Olaf Thon
b) Rudi Völler
c) Lothar Matthäus

2 Im Finale 2002 zwischen Real Madrid und Bayer 04 Leverkusen verletzte sich Torwart César Sánchez. Für ihn sollte Iker Casillas kommen. Weshalb verzögerte sich seine Einwechslung?

a) Er ließ die Ärmel seines Trikots kürzen.
b) Er musste noch einmal auf die Toilette.
c) Er hatte seine Handschuhe in der Kabine vergessen.

3 Was war die höchste Anzahl von Spielern, die je für ein Finale der Champions League gesperrt waren?

a) drei Spieler
b) fünf Spieler
c) sieben Spieler

❶ b) Rudi Völler war bereits 33 Jahre alt, als er mit Olympique Marseille den Titel holte. Beim Endspiel in München gegen den AC Mailand wurde »Tante Käthe« aber in der 79. Minute ausgewechselt.

❷ a) Iker Casillas ließ von Betreuern sein langärmliges Trikot bearbeiten. Mit der Schere kürzten sie die Ärmel, was einige Zeit in Anspruch nahm.

❸ c) Für das »Finale dahoam« 2012 waren insgesamt sieben Spieler gesperrt. Bayern München musste auf drei Spieler verzichten (David Alaba, Holger Badstuber und Luiz Gustavo), während beim FC Chelsea sogar vier Spieler (Branislav Ivanovic, Ramires, Raúl Meireles und John Terry) gelb bzw. rot gesperrt nicht zum Einsatz kommen konnten.

1 Welcher Torwart erzielte die meisten Tore in der Champions League?

a) Hans Jörg Butt
b) Edwin van der Sar
c) Iker Casillas

2 Welchen beiden Spielern sind schon fünf Tore in einem einzigen Spiel der Champions League geglückt?

a) Lionel Messi und Luiz Adriano
b) Andrij Schewtschenko und Wayne Rooney
c) Filippo Inzaghi und Claudio Pizarro

1 a) Hans Jörg Butt erzielte drei Treffer per Elfmeter, jeweils für unterschiedliche Vereine (Hamburger SV, Bayer 04 Leverkusen und Bayern München). Der Gegner war jedoch immer der gleiche: Juventus Turin.

2 a) Im Achtelfinal-Rückspiel 2012 schoss Lionel Messi Bayer 04 Leverkusen quasi im Alleingang ab (Endstand 7:1). Für seine fünf Treffer für den FC Barcelona benötigte er nur 59 Minuten. Das gleiche Kunststück gelang Luiz Adriano im Gruppenspiel seines Vereins Schachtar Donezk bei BATE Borisov im Oktober 2014, als er ebenfalls fünf Tore zum 0:7-Endstand beitrug.

1 Von 2016 bis 2018 war Real Madrid dreimal in Folge Sieger der Champions League. Welches Team beendete diese Serie und warf die »Königlichen« in der Saison 2018/19 im Achtelfinale aus dem Wettbewerb?

a) FC Liverpool
b) Juventus Turin
c) Ajax Amsterdam

2 Mit Tottenham Hotspur kam in der Saison 2018/19 seit Langem wieder einmal ein Neuling ins Endspiel. Wann erreichte das letzte Mal ein Team das Finale der Champions League, das noch nie zuvor so weit gekommen war?

a) in der Saison 2007/08
b) in der Saison 2010/11
c) in der Saison 2014/15

1 c) Es war das junge Sensationsteam aus Amsterdam, das die Madrilenen mit seinem mitreißenden Fußball demütigte und ihr Aus mit einem 4:1 im Achtelfinal-Rückspiel besiegelte.

2 a) Der letzte Finaldebütant hieß in der Saison 2007/08 FC Chelsea. Das Endspiel verloren die Londoner aber gegen Manchester United im Elfmeterschießen.

1 b) Jürgen Klopp kam mit zwei unterschiedlichen Mannschaften ins Champions-League-Finale. Er schaffte es 2013 mit Borussia Dortmund und dann mit dem FC Liverpool sowohl 2018 als auch 2019.

2 b) Schon vier deutsche Trainer haben mit ihren Teams das Champions-League-Finale erreicht: Jupp Heynckes (Real Madrid 1998, Bayern München 2012, 2013), Ottmar Hitzfeld (Borussia Dortmund 1997, Bayern München 1999, 2001), Klaus Toppmöller (Bayer 04 Leverkusen 2002) und Jürgen Klopp (Borussia Dortmund 2013, FC Liverpool 2018, 2019).

3 a) RB Leipzig war in seiner Debütsaison erfolgreicher. Die Mannschaft schied in der Saison 2017/18 zwar als drittplatzierte nach der Gruppenphase aus, Hoffenheim kam ein Jahr später in der Gruppenphase aber nur auf den vierten Tabellenplatz.

1 In der Saison 2018/19 holte Jürgen Klopp mit seinem FC Liverpool den Champions-League-Titel. Es war nicht seine erste Finalteilnahme. Mit wie vielen Teams schaffte er es, in das Endspiel vorzustoßen?

a) nur mit dem FC Liverpool
b) mit zwei Teams
c) mit drei Teams

2 Wie viele deutsche Trainer schafften es schon, ihre Teams ins Endspiel der Champions League zu führen?

a) drei Trainer
b) vier Trainer
c) fünf Trainer

3 Mit RB Leipzig und TSG 1899 Hoffenheim gab es in jüngster Zeit zwei Champions-League-Neulinge aus Deutschland. Welches Team schloss in seiner Debütsaison besser ab?

a) RB Leipzig
b) TSG 1899 Hoffenheim
c) beide gleich gut

❶ a) Während für Stadien der Kategorie zwei eine Kapazität von mindestens 1500 Zuschauern und mindestens 50 VIP-Parkplätze vorgeschrieben sind, ist die Größe des Spielfelds nicht exakt festgelegt. Dieses darf 100 bis 105 Meter lang und 64 bis 68 Meter breit sein. Eine zwingend vorgegebene Spielfeldgröße von 105 mal 68 Metern gilt erst für Stadien der Kategorie drei.

❷ c) Das Endspiel 2020 wurde im Atatürk-Olympiastadion in Istanbul ausgetragen.

❸ a) Bei Spielen in der Champions League sind aus Sicherheitsgründen keine Stehplatzbereiche zulässig.

1. Die UEFA teilt die Stadien in vier Kategorien ein. Für Spiele der ersten und zweiten Qualifikationsrunde zur Champions League muss das Stadion mindestens die Kriterien der Kategorie zwei erfüllen. Was ist darin nicht genau festgelegt?
   a) die exakte Spielfeldgröße
   b) die Mindestanzahl an Sitzplätzen
   c) die Mindestanzahl an VIP-Parkplätzen

2. In welcher Stadt fand das Champions-League-Finale 2020 statt?
   a) Madrid
   b) Rom
   c) Istanbul

3. Wie groß darf der Stehplatzbereich eines Stadions in einem Champions-League-Spiel sein?
   a) Es gibt keinen Stehplatzbereich.
   b) Es liegt im Ermessen der Heimmannschaft.
   c) Es darf höchstens 15 000 Stehplätze geben.

1. Wie vielen Mannschaften gelang es schon, ihren Champions-League-Titel in der darauffolgenden Saison zu verteidigen?
   a) noch keiner
   b) einer Mannschaft
   c) zwei Mannschaften

2. Es gibt zwei Länder, aus denen jeweils drei unterschiedliche Mannschaften die Champions League gewonnen haben. Welches Land zählt nicht dazu?
   a) England
   b) Spanien
   c) Italien

3. Welche Mannschaft ist die einzige, die das Endspiel der Champions League erreichte, ohne je die nationale Meisterschaft gewonnen zu haben?
   a) AS Monaco
   b) Lazio Rom
   c) Bayer 04 Leverkusen

1 b) Dieses Kunststück gelang bisher nur den »Königlichen« aus Madrid – denen aber dafür zweimal: Nachdem sie im Finale 2016 den Stadtrivalen Atlético erst im Elfmeterschießen bezwangen, siegten sie im Endspiel 2017 deutlich mit 4:1 gegen Juventus Turin und verteidigten den Titel 2018 ein weiteres Mal durch einen 3:1 Sieg gegen den FC Liverpool.

2 b) Mit Real Madrid und dem FC Barcelona haben bisher nur zwei Teams aus Spanien den Titel geholt, während sowohl drei Mannschaften aus Italien (AC Mailand, Juventus Turin, Inter Mailand) als auch aus England (Manchester United, FC Liverpool, FC Chelsea) den Wettbewerb gewinnen konnten.

3 c) Bayer 04 Leverkusen konnte noch nie die Deutsche Meisterschaft für sich entscheiden. Bitterer Höhepunkt der Serie fast gewonnener Titel ist die Saison 2001/02: Das Team schaffte es, in drei Wettbewerben (Bundesliga, Deutscher Pokal und Champions League) jeweils den zweiten Platz zu belegen, und machte seinem Spitznamen »Vizekusen« damit alle Ehre.

1 Welches Team, das mehr als einmal das Endspiel der Champions League erreichte, schaffte es als einziges, alle seine Finals zu gewinnen?

a) Juventus Turin
b) Borussia Dortmund
c) Real Madrid

2 Wie viele Vereine aus Deutschland haben es bis 2020 geschafft, mindestens in die Gruppenphase der Champions League zu kommen?

a) sechs Teams
b) acht Teams
c) dreizehn Teams

1 c) Real Madrid stieß siebenmal ins Endspiel der Champions League vor und gewann jeweils auch den Titel (1998, 2000, 2002, 2014, 2016, 2017 und 2018). Drei weitere Vereine haben, da sie jeweils in ihrem einzigen Finale siegten, ebenfalls eine »weiße Endspielweste« (Olympique Marseille 1993, FC Porto 2004 und Inter Mailand 2010).

2 c) Dreizehn deutsche Mannschaften erreichten die Gruppenphase: Hertha BSC, SV Werder Bremen, Borussia Dortmund, Hamburger SV, TSG 1899 Hoffenheim, 1. FC Kaiserslautern, RB Leipzig, Bayer 04 Leverkusen, Borussia Mönchengladbach, FC Bayern München, FC Schalke 04, VfB Stuttgart und VfL Wolfsburg.

1 Wie häufig kam es schon vor, dass vier Vereine aus Deutschland die K.-o.-Phase der Champions League erreichten?
a) noch nie b) einmal c) zweimal

2 Bereits zweimal standen sich im Finale der Champions League Teams gegenüber, die aus ein und derselben Stadt kommen. Wie heißt diese europäische Fußball-Hochburg?
a) London (FC Chelsea, FC Arsenal)
b) Mailand (AC Mailand, Inter Mailand)
c) Madrid (Real Madrid, Atlético Madrid)

3 Seit der Saison 2007/08 ging die Krone des erfolgreichsten Torjägers der Champions League immer entweder an Lionel Messi oder an Cristiano Ronaldo. Wer war der einzige Spieler, der diese Serie durchbrechen konnte?
a) Neymar
b) Antoine Griezmann
c) Robert Lewandowski

1 c) Sowohl in der Saison 2013/14 als auch ein Jahr später erreichten Bayer Leverkusen, der FC Bayern, Borussia Dortmund und Schalke 04 das Achtelfinale.

2 c) Sowohl das Finale 2014 als auch das Finale 2016 wurden von Real Madrid und Atlético Madrid bestritten – jeweils mit dem besseren Ende für die »Königlichen«.

Beide Spiele gingen in die Verlängerung. 2016 fiel die Entscheidung erst im Elfmeterschießen.

3 a) In der Saison 2014/15 erzielte Neymar insgesamt 10 Treffer in der Champions League – ebenso wie Lionel Messi und Cristiano Ronaldo. Die Serie der beiden Super-Torjäger konnte er damit nicht ganz durchbrechen.

Frage

1 Welches Team kassierte die meisten Roten Karten in einer einzelnen Champions-League-Saison?
a) Spartak Moskau
b) Juventus Turin
c) Galatasaray Istanbul

2 Welcher Trainer wurde von der UEFA mit 40 000 Euro Geldstrafe und einer Spielsperre belegt, weil er zwei Spielern die Anweisung gegeben haben soll, eine Gelb-Rote Karte zu provozieren?
a) Louis van Gaal
b) Rafael Benítez
c) José Mourinho

1 b) Nur ein Team sammelte während einer Saison fünf Rote Karten: Juventus Turin. Die »Alte Dame« stellte diesen unrühmlichen Rekord aber gleich zweimal auf (2000/01 und 2005/06).

2 c) José Mourinho soll Xabi Alonso und Sergio Ramos im vorletzten Gruppenspiel der Saison 2010/11 der »Königlichen« gegen Ajax Amsterdam in der Schlussphase des Spiels angewiesen haben, eine Verwarnung zu provozieren. Sie waren so für das bedeutungslose letzte Gruppenspiel gegen AJ Auxerre gesperrt und konnten unbelastet ins Achtelfinale gehen.

1 Welche Kuriosität gelang dem Abwehrspieler Cosmin Moti im Qualifikationsspiel seines Vereins Ludogorez Rasgrad gegen Steaua Bukarest im August 2014?

a) Er erzielte drei Tore per Fallrückzieher.
b) Er hielt zwei Elfmeter.
c) Er erzielte alle Tore zum 2:2-Endstand.

2 Im Jahr 2001 wurde erstmalig in einem Champions-League-Finale der »Man of the Match« bestimmt. Wer war der erste Träger dieses Titels?

a) David Beckham
b) Zinédine Zidane
c) Oliver Kahn

1 b) Weil Rasgrads Torwart in der Verlängerung die Rote Karte sah und das Wechselkontingent bereits erschöpft war, musste der Verteidiger Cosmin Moti kurz vor dem Elfmeterschießen ins Tor. Dort wurde er zum Helden, weil er selbst einen Strafstoß verwandelte und zweimal hielt – und so seinem Verein die erste Teilnahme an der Champions-League-Endrunde sicherte.

2 c) Im Finale der Saison 2000/01 musste Bayern München gegen Valencia CF ins Elfmeterschießen. Dort hielt Oliver Kahn dreimal und wurde so zum großen Matchwinner.

1 Welchem deutschen Team gelang nach einem 0:3-Rückstand das wohl furioseste Comeback in der Geschichte des Wettbewerbs?

a) SV Werder Bremen
b) FC Schalke 04
c) Hamburger SV

2 Welcher Verein verpasste Bayern München im Finale 1999 die »Mutter aller Niederlagen«, als er bis zur 90. Minute zurücklag und den Titel durch zwei Tore in der Nachspielzeit holte?

a) Manchester United
b) Ajax Amsterdam
c) Valencia CF

1 a) Erst ab der 66. Minute startete der SV Werder Bremen am 8. Dezember 1993 seine Aufholjagd gegen den RSC Anderlecht und gewann das Spiel noch mit 5:3. Zu diesem Zeitpunkt hatte die Hälfte der Zuschauer das Stadion wegen des hoffnungslosen Spielstands und des feuchtkalten Wetters bereits verlassen.

2 a) Die Bayern wähnten sich gegen ManU als die sicheren Sieger, ehe Teddy Sheringham in der 91. Minute und Ole Gunnar Solskjær in der 93. Minute den 2:1-Endstand herstellten. Beide Spieler erfüllten ihre Jokerrolle glänzend, nachdem sie kurz zuvor eingewechselt worden waren.

1 Wie häufig konnte sich ein amtierender Weltmeister nicht für eine Europameisterschaft qualifizieren?

a) noch nie

b) einmal

c) dreimal

2 Zwei Länder halten mit je drei Turniersiegen gemeinsam den Titelrekord. Welches Land zählt nicht dazu?

a) Deutschland

b) Spanien

c) Italien

3 Wie häufig gelang es einem amtierenden Weltmeister schon, die nachfolgende Europameisterschaft zu gewinnen?

a) noch nie

b) zweimal

c) viermal

1 b) Bisher ist das nur einmal vorgekommen. Italien konnte sich als amtierender Weltmeister nicht für die EM 1984 qualifizieren.

2 c) Die deutsche Nationalmannschaft wurde 1972, 1980 und 1996 Europameister, die spanische Selección de Fútbol 1964, 2008 und 2012. Italien zählt mit einem EM-Titel (1968) nicht zu den Rekordsiegern.

3 b) Obwohl europäische Mannschaften bereits häufig den Weltmeistertitel erringen konnten, schafften es nur zwei Teams anschließend, auch Europameister zu werden: Frankreich (Weltmeister 1998, Europameister 2000) und Spanien (Weltmeister 2010, Europameister 2012).

1. Welches ist das einzige skandinavische Land, das schon einmal Gastgeber einer Europameisterschaft war?
   a) Schweden
   b) Dänemark
   c) Norwegen

2. Wie häufig gelang es einem EM-Gastgeber schon, das Turnier zu gewinnen?
   a) noch nie
   b) dreimal
   c) fünfmal

3. Wie häufig kam es in der Geschichte des Wettbewerbs vor, dass sich zwei Länder die Gastgeberrolle teilten?
   a) einmal
   b) zweimal
   c) dreimal

1 a) Die EM 1992 stand ganz im Zeichen der nordeuropäischen Länder: Im Gastgeberland Schweden wurde Dänemark Europameister.

2 b) Das Kunststück, eine Heim-EM zu gewinnen, gelang bisher drei Mannschaften – lang, lang ist's her: Spanien 1964, Italien 1968 und Frankreich 1984 (im Bild).

3 c) Bereits dreimal hatte die Europameisterschaft mehr als einen Gastgeber: 2000 in Belgien und den Niederlanden, 2008 in Österreich und der Schweiz sowie 2012 in Polen und der Ukraine.

1. Die Endrunden der ersten fünf Europameisterschaften wurden mit deutlich weniger Mannschaften ausgetragen als heute. Wie viele Teams durften teilnehmen?
   a) 4 Teams
   b) 8 Teams
   c) 16 Teams

2. Im Viertelfinale der EM 1960, das damals noch als Heim- und Auswärtsspiel ausgetragen wurde, traf der spätere Europameister UdSSR auf Spanien. Wie schieden die Spanier aus dem Turnier aus?
   a) Das Spiel wurde wegen Tätlichkeiten abgebrochen und für die UdSSR gewertet.
   b) Spanien trat nicht an.
   c) Der Schiedsrichter gab im Rückspiel ein Tor, obwohl der Ball nicht über die Linie gegangen war.

1 a) Die EM-Endrunde bestand von 1960 bis 1976 nur aus den Halbfinalspielen, der Partie um Platz 3 und dem Finalspiel. Daher hatten die Endrunden nur vier Teilnehmer.

2 b) Spaniens Diktator Franco verbot der Nationalmannschaft, die abflugbereit am Madrider Flughafen wartete, nach Moskau zu reisen. Beide Spiele wurden 3:0 für die UdSSR gewertet.

1 Während der Südamerikameister bereits 1916 zum ersten Mal ermittelt wurde, zogen die weiteren Kontinente erst vergleichsweise spät nach. Welches Turnier wurde als letztes eingeführt?

a) Europameisterschaft
b) Asienmeisterschaft
c) Afrikameisterschaft

2 Die EURO 2020 wird die erste Europameisterschaft sein, die in verschiedenen Metropolen Europas, genauer gesagt in 13 Städten in unterschiedlichen Ländern, ausgetragen wird. Welche der folgenden Städte zählt nicht zu den Spielorten?

a) Glasgow – Schottland
b) Baku – Aserbaidschan
c) Lyon – Frankreich

1 a) Während in Asien bereits 1956 und in Afrika 1957 erstmals ein kontinentales Fußballturnier ausgetragen wurde, fand das erste Qualifikationsspiel in Europa erst 1958 statt, die erste Endrunde wurde im Jahr 1960 ausgespielt.

2 c) Bei der EURO 2020 sind keine Spiele in Frankreich vorgesehen, also auch keines in Lyon. Glasgow (drei Gruppenspiele, ein Achtelfinale) und Baku (drei Gruppenspiele, ein Viertelfinale) gehören dagegen zu den Austragungsorten.